Gabriele Wollenheit

# Schwibbögen

# Gabriele Wollenheit

# Schwibbögen

## Weihnachtliche Lichterbögen
## in Laubsägearbeit

# Inhalt

# Zur Geschichte des Lichter- bzw. Schwibbogens

Markt und Straßen stehn verlassen,
Still erleuchtet jedes Haus,
Sinnend geh ich durch die Gassen,
Alles sieht so festlich aus.

An den Fenstern haben Frauen
Buntes Spielzeug fromm geschmückt,
Tausend Kindlein stehn und schauen,
Sind so wunderstill beglückt.

Und ich wandre aus den Mauern
Bis hinaus ins freie Feld,
Hehres Glänzen, heilges Schauern!
Wie so weit und still die Welt!

Sterne hoch die Kreise schlingen,
Aus des Schnees Einsamkeit
Steigt's wie wunderbares Singen –
O du gnadenreiche Zeit.

Joseph von Eichendorff

Um Weihnachten herum sieht man sie wieder in vielen Fenstern leuchten – Holzbögen, auf denen (heute meist elektrisch betriebene) Kerzen brennen. Dieser leuchtende Schmuck, ursprünglich im sächsischen Raum verbreitet, gewinnt von Jahr zu Jahr auch in anderen Regionen immer mehr an Beliebtheit.

Ursprünglich stammt der Brauch, Lichterbögen ins Fenster zu stellen, aus dem Erzgebirge. Dort heißt diese klassische Art des Lichterbogens Schwibbogen. Die Herkunft des Namens und die diesbezügliche Anwendung ist nicht ganz eindeutig. Der Begriff soll in Anlehnung an den in der gotischen Architektur gebräuchlichen Begriff des Schwebebogens (ein Bogen ohne darauf lastendes Mauerwerk) entstanden sein. Heute werden zur Weihnachtszeit in der Ursprungsregion des Schwibbogens im Zentrum der Städte und Dörfer bis zu sieben Meter hohe Exemplare dieser Leuchter auf öffentlichen Plätzen aufgestellt. Auf ihnen sind auch Motive des jeweiligen Ortes einbezogen.

## Die ersten Schwibbögen

Die ältesten nachweisbaren (zunächst schmiedeeisernen) Schwibbögen stammen aus dem Jahre 1778. Sie wurden in Johanngeorgenstadt von einem Bergschmied namens J. P. Teller hergestellt. Der Leuchter bestand aus einem aufrecht stehenden Halbkreis, der auf Füße gestellt und mit Figuren dekoriert wurde. Bestückt wurde der Leuchter mit dreizehn, elf oder sieben Lichtertüllen.

Seite 8/9:
Der abgebildete Schwibbogen (Maße: Länge 35 cm, Höhe: 18 cm plus 6 mm »Fundament«) ist vermutlich in den fünziger Jahren des letzten Jahrhunderts entstanden. Er nimmt die Motive des vielleicht am weitesten verbreiteten Schwibbogens auf, wie er nach Entwürfen von Paula Jordan 1936 für die Bergstadt Johanngeorgenstadt entworfen wurde. Maße: Länge 6,50 m, seine Höhe 3,20 m.
Bei diesem Bogen sind Bergbautradition und erzgebirgische Volkskunst vereint. Zwei Bergleute halten über einer Truhe, in der die Werkzeuge des Bergmanns »Schlägel und Bergeisen« verwahrt sind, ein Wappenschild mit den Kurschwertern. Links und rechts davon sitzen »Schnitzer und Klöpplerin«, über denen Lichterengel und Leuchterspinne schweben. Das Räuchermännchen in der linken Ecke verkörpert die Weihnachtstradition, die Blume auf der rechten Seite versinnbildlicht den fruchtbaren Boden der heimischen Volkskunst, das Hufeisen stellt eine Erinnerung an den Bergschmied dar. (Die Vorlage ist auf dem Vorlagenbogen 2, Seite A).

## Ausdruck von Wärme und Geborgenheit

Über die Bedeutung dieses Fensterschmucks gibt es verschiedene Auffassungen. In einer Legende ist beispielsweise aufgeführt, dass die Kerzen auf dem Schwibbogen Ausdruck dafür seien, dass sich die Bergleute im Erzgebirge nach Licht, Wärme und Gottes Schutz sehnten. Der Schwibbogen selbst symbolisiere nichts Anderes als das Himmelszelt. Nach einer anderen Legende soll der Schwibbogen den erleuchteten Ausgang eines Bergstollens darstellen. Am Ende des Arbeitsjahres war es Brauch, dass der Steiger den Berghandwerkern und den verschieden tätigen Bergarbeitern unter Tage in der so genannten Mettenschicht Dank sagte. Diese versammelten sich am Schachteingang. Sie hängten ihre brennenden Grubenlampen am Stollenmundloch auf und beschlossen mit einem gemeinsamen Gebet das Jahr. So wird die Entstehung des Schwibbogens, des bergmännischen Leuchters, als eine Nachbildung des Schachteingangs mit den aufgehängten Blenden (den Lampen der Bergleute) zur Mettenschicht erklärt.

## Motive ändern sich

Die anfänglichen Motive der zunächst schmiedeeisernen Schwibbögen waren der Vertreibung aus dem Paradies gewidmet. Außerdem waren auf frühen Arbeiten aus dem 19. Jahrhundert Wolken, Gestirne und Engel zu erkennen.

*Links:*
*Johanngeorgenstädter*
*Schwibbogen von 1778 aus*
*geschmiedetem Schwarz-*
*blech und Profilstäben.*
*Er stammt aus dem Nachlaß*
*der alten Bergknappschaft*
*des erzgebirgischen Berg-*
*bauortes Johanngeorgen-*
*stadt.*
*Im Zentrum der bildhaften*
*Gestaltung flankieren zwei*
*Bergleute im Festhabit die*
*symbolhaften Darstellungen*
*von Schlägel und Bergeisen .*
*Die Darstellungen vom*
*Sündenfall und der Vertrei-*
*bung aus dem Paradies*
*gehen auf den Tag des Ver-*
*schenkens des Schwib-*
*bogens an die Knappschaft,*
*den 24. Dezember, zurück,*
*der in den alten Kalendern*
*als Tag von Adam und Eva*
*ausgewiesen wird.*

*Seite 11:*
*Detail des winterlichen*
*Schwibbogens »Es hat*
*geschneit« von Seite 46/47.*

Die religiösen Motive wurden später durch bergmännische und volkskünst-
lerische ergänzt oder sogar abgelöst. Seit den 30er Jahren des letzten Jahr-
hunderts werden die meisten Schwibbögen aus Sperrholz ausgesägt. Zu den
Bergmannsfiguren, Schnitzern und Klöppelfrauen sind Weihnachtsengel,
Räuchermänner, Schaukelreiter, Spielzeug sowie dekorative Pflanzen und
Landschaftsformen hinzugekommen.

## Schwibbogenherstellung als wichtiges Zubrot

Die Schwibbogenherstellung diente früher nicht nur der Unterhaltung, sondern die Menschen im Erzgebirge verdienten sich mit den Laubsägearbeiten
ein wichtiges Zubrot. Die Schwibbögen wurden in Heimarbeit mit der Laub-
säge aus Holz gearbeitet und mit Wachskerzen versehen. Für arme Familien
galten die Schwibbögen als Kostbarkeit, die von Generation zu Generation
weitervererbt wurden.

## Wer hat den schönsten Schwibbogen?

Die Schwibbögen in privaten Wohnungen sind in der Regel aus Holz, manchmal aus Metall, hergestellt. Neben den oben genannten Motiven und Formen
setzen sich in letzter Zeit auch moderne Formen und Motive durch. Bei den
in diesem Buch vorgestellten Schwibbögen werden Sie sowohl traditionelle
als auch moderne Elemente und Szenen finden, die aber alle eine
heimelige Atmosphäre ausstrahlen.

# Material, Werkzeug, Techniken

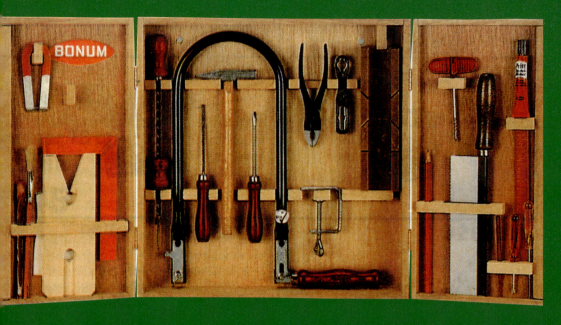

## Grundausstattung

* Holz
* Laubsägebogen mit großer Spannweite
  (alternativ: elektrische Dekoupiersäge, siehe Seite 13)
* Laubsägeblätter in verschiedenen Größen
* Sägetischchen mit Schraubklemme
* Schleifpapier oder -schwamm
* Bleistift
* Graphitpapier
* Holzleim

Das wichtigste Material »Holz« bekommen Sie in großer Auswahl in Baumärkten. Es muss nicht unbedingt immer Sperrholz sein, auch Massivholz ist, wenn es nicht allzu stark gemasert ist, geeignet. Bei Sperrholz bietet sich die Sorte Pappel besonders an, da Pappelholz sehr hell, leicht zu sägen und fast völlig ohne Maserung ist.

## Was sonst noch gebraucht wird

✳ Hand- oder Akkubohrer
✳ Pinsel
✳ Bastelfarben, Beizen, Lasuren
✳ Lineal

Weitere spezielle Materialien/Hilfsmittel werden jeweils bei den Objekten genannt.

## Vorsichtsmaßnahmen

Wachskerzen grundsätzlich nur unter ständiger Aufsicht abbrennen!

Dennoch kann es einmal vorkommen, dass eine Kerze unbemerkt bis auf die Tülle herunterbrennt. Setzen Sie deshalb vorsorglich immer eine Metallhülse in die Tülle. Diese gibt es in verschiedenen Durchmessern in gut sortierten Bastelgeschäften.

## So übertragen Sie das Motiv auf das Holz

Legen Sie einen Bogen Graphitpapier auf das Holz und darüber die Original-vorlage. Mit Bleistift ziehen Sie alle Linien nach. (Achten Sie darauf, dass Sie keine Linie vergessen.) Dann entfernen Sie beide Bögen. Das Motiv ist auf dem Holz zu sehen.
Um die Originalvorlage nicht zu beschädigen, fertigen Sie sich am besten eine Kopie davon an.
Eine andere Übertragungstechnik ist auf Seite 54 beschrieben.

### WICHTIGER HINWEIS!

Die Vorlagen für die Motive finden Sie entweder auf einem der beiden Vorlagenbögen oder direkt bei den Objekten.

## Innenausschnitte sind kein Hexenwerk

Um mitten aus einem Motiv ein Stück heraussägen zu können, bohren Sie in das herauszusägende Teil ein kleines Loch. Lösen Sie die obere Flügelschraube an Ihrem Sägebogen und stecken Sie das nun lose Sägeblatt von unten nach oben durch das Loch.
Sägeblatt wieder einspannen und festschrauben. Jetzt können Sie das Teil problemlos aussägen.

## Schmirgeln muss sein

Eine unbeliebte und sehr staubige, aber unerlässliche Arbeit ist das Schmirgeln. Speziell bei den teilweise sehr filigranen Schwibbögen müssen Sie äußerst vorsichtig dabei vorgehen, um nichts zu beschädigen oder abzubrechen. Benutzen Sie ein Schleifpapier oder einen Schleifschwamm mit sehr feiner Körnung.

## So verfahren Sie mit Innenlinien

Auf der Vorlage eingezeichnete Innenlinien müssen mit auf das Holz übertragen werden.
Wird der Lichterbogen nicht bemalt, werden die Innenlinien teilweise eingesägt. Passen Sie dabei immer besonders gut auf, dass Sie nicht versehentlich zu weit sägen, denn dann fällt unter Umständen das gesamte Teil heraus.
Um eine Innenlinie sägen zu können, müssen Sie zuvor ein Loch an einem Ende bohren. (Diese Bohrlöcher sind auf der Vorlage nicht angegeben, da sie nicht benötigt werden, wenn Sie den Bogen bemalen.)
Die Breite der Innenlinien können Sie variieren. Führen Sie nur einen einzigen Schnitt aus, dann ist der Schlitz sehr schmal. Es fällt später nur wenig Licht hindurch. Der Lichterbogen wirkt dadurch aber sehr filigran. Zwei parallel zueinander geführte Schnitte mit einem Abstand von etwa 1 mm sind dagegen viel lichtdurchlässiger, lassen den Bogen aber auch etwas grober wirken. Eine Kombination beider Techniken in einem Objekt ist ohne Weiteres möglich.

## Bemalen und Beizen

Manche Schwibbögen sehen auch gut aus, wenn die Figuren etwas bemalt werden z. B. die auf Seite 23 oder 31. Zur Bemalung sind – wenn nicht anders angegeben – alle wasserlöslichen Bastelfarben und jeder Acryl-Lack verwendbar. Sehr gut geeignet sind auch Plakatfarben (z. B. BasicColor von Marabu oder Plaka von Pelikan).

Bastel- und Plakatfarben sind matte oder hochglänzende Lacke auf Wasserbasis, die speziell für den Hobbybereich in kleinen Mengen angeboten werden. Sie sind auch in Tuben mit spitzer Spritztülle als Konturen-Liner erhältlich (z. B. Decorlack-Liner, Marabu). Auch normale und wasservermalbare Buntstifte können je nach Motiv zur farblichen Gestaltung geeignet sein.

Außerdem gibt es noch wasserlösliche Holzbeizen in vielen Farben. Diese Beizen sind als Pulver im entsprechenden Fachhandel erhältlich. Schwibbögen, die im Holz naturbelassen bleiben sollen, erhalten nur eine Schutzbeschichtung. Dafür eignet sich am besten Bienenwachslasur ohne Lösungsmittel. Wenn sie Ihren Schwibbogen einmal auf den Balkon oder die Terrasse stellen wollen, er also der Witterung ausgesetzt wird, brauchen Sie einen wetterfesten Schutzanstrich. Je nach Holzart eignet sich dafür farblose Dickschichtlasur oder Bootslack.

## ...und wie es gemacht wird

Bastelfarben, ob matt oder glänzend, sind nach dem Trocknen wasserfest. Sie können problemlos mit Farben aller Art übermalt werden. Anders sieht es bei den Holzbeizen aus. Da sie wasserlöslich sind, lassen sie nur bedingt ein Übermalen mit anderen Farben zu. Trennen Sie gegebenenfalls beide Farbarten durch einen Zwischenstrich mit farbloser Dickschichtlasur. Außerdem werden Sie große Schwierigkeiten haben, mit Beizen einen exakten Farbauftrag bzw. eine genaue Farbabgrenzung zu erreichen. Durch ihre wässrige Konsistenz ist das beinahe unmöglich. Beizen eignen sich daher eher für die einfarbige Bemalung (siehe den schwarzen Bogen auf Seite 18).

Bienenwachslasur verleiht dem Holz einen zarten, seidigen Glanz. Sie lässt sich schnell und problemlos auftragen, da sie nach dem Trocknen keine sichtbaren Pinselstriche oder Tropfnasen hinterläßt. Allerdings ist sie nicht wasserfest.

Mit farbloser Dickschichtlasur auf Wasserbasis kann man bei allen Bögen, die einen wetterfesten Anstrich haben sollen, sehr gute Ergebnisse erzielen. Diese Lasur ist aber nur für Massivholz geeignet. Ein einmaliger, satter Auftrag ist dann völlig ausreichend.

Bögen aus Sperrholz werden wetterfest mit Boots- oder Klarlack. Für Objekte mit vielen Ecken und Kanten – und das ist hier meistens der Fall – eignet sich sehr gut Lack in Sprühdosen. Erhältlich sind Klar-, Seidenmatt- und Mattlacke (z. B. von Marabu). Das Gute an diesen Lacken ist die schnelle Trocknungszeit.

# Engel und Bergmann

In der Tradition der Schwibbögen stehen diese beiden Figuren an der Spitze. Das schnörkellose und ziemlich kompakte Motiv lässt sich »auch von Sägeanfängern« leicht herstellen.

## Das wird gebraucht

▲ Holz, 8 mm dick
▲ 7 Kerzentüllen, 14 mm ⌀, ohne Nut
▲ 7 Weihnachtsbaumkerzen
▲ farblose Bienenwachslasur oder Klarlack

### So wird's gemacht

Sägen Sie zunächst den Bogen und die beiden halbrunden Stützen aus. Danach werden alle Teile sorgfältig geschliffen. Achten Sie dabei besonders auf die Sägekanten. Tragen Sie nun zwei bis drei Schichten Bienenwachslasur auf. Wenn Sie Klarlack verwenden, genügt ein einmaliger Anstrich. Nach dem Trocknen stellen Sie den Schwibbogen auf die Stützen. Sind die Schlitze in den Stützen ganz exakt ausgesägt, steht der Bogen absolut fest darin. Anderenfalls muss er mit einigen Tropfen Holzleim fixiert werden! Zum Schluss leimen Sie die Kerzentüllen auf und stecken die Kerzen hinein.

*VORLAGEN*
*siehe Bogen 1,*
*Seite A und*
*Seite 33.*

# Bergmänner

Ebenfalls sehr traditionell ist dieser schwarz bemalte Lichterbogen mit den beiden Bergmännern. Die Farbgebung und das Motiv weisen direkt auf den Ursprung und die Geschichte der Schwibbögen hin.

Beim Sägen der sehr dünnen Stege müssen Sie äußerst vorsichtig und konzentriert arbeiten. Ein falscher Sägeschnitt könnte sonst das gesamte Motiv zerstören.

## Das wird gebraucht

▲ 6 Kerzentüllen, 14 mm ⌀, mit 4-mm-Nut
▲ 6 Weihnachtsbaumkerzen
▲ 1 Holzleiste, 5 mm dick, 30 mm breit, 320 mm lang
▲ 2 Quadratstäbe aus Holz, 8 x 8 mm, 320 mm lang
▲ schwarze Farbe (Holzbeize, Acrylfarbe, Tusche o. Ä.)

## So wird's gemacht

Nachdem Sie den Bogen fertig gesägt und vorsichtig geschliffen haben, messen Sie die untere gerade Kante aus. Dieses Maß übertragen Sie auf die Holzleiste und die beiden Quadratstäbe. Sobald Sie die Leiste und die Stäbe an entsprechender Stelle abgesägt haben, leimen Sie den Bogen auf die Leiste und zur Stabilisierung je einen Quadratstab vor und hinter den Bogen. Die Kerzentüllen werden, mit einem Tropfen Leim versehen, auf den Bogen gesteckt. Nun müssen Sie nur noch alles schwarz anmalen, trocknen lassen und schon können Sie die Kerzen verteilen und anzünden.

*VORLAGE*
*siehe Bogen 1,*
*Seite A.*

# Sammlerweihnacht

**D**ieser große Lichterbogen wird aus 20 mm dickem Holz gearbeitet. Seine breiten Standflächen bieten Sammlern den optimalen Rahmen für ihre meist sehr aufwändig gearbeiteten und kostspieligen Figuren.

**TIPP**

*Gestalten Sie Ihren ganz persönlichen Lichterbogen. Bunt bemalt und mit viel Glitter verziert oder einfach nur schlicht braun gebeizt. Die meisten der in diesem Buch gezeigten Bäume, Kinder, Tiere usw. können, wenn sie aus 20 mm dickem Holz gesägt werden, auch als Einzelfigur aufgestellt werden.*

## Das wird gebraucht

▲ 5 Holzkugeln (Makrameekugeln), 25 mm ⌀
    mit großem Bohrloch, als Kerzenhalter
▲ 5 Weihnachtsbaumkerzen
▲ Viertelstäbe, 25 x 25 mm, je 250 mm lang

### So wird's gemacht

Der gesägte und geschliffene Bogen erreicht seine Standfestigkeit erst durch die beiden Viertelstäbe. Leimen Sie diese, wie auf der Abbildung zu sehen, auf der Vorder- und Rückseite an den Rahmen. Maria, Josef und das Kind sind fest mit dem Bogen verbunden, da sie aus diesem herausgesägt wurden. Alle anderen Figuren sind frei und beliebig aufstellbar. Die farbliche Gestaltung bleibt Ihnen überlassen.

*VORLAGEN siehe Bogen 1, Seite A und Seite 20, 21, 22.*

# Adventssingen

**H**ier sehen Sie einen so genannten Landschaftslichterbogen. Auf einer ovalen Platte wurden verschiedene Objekte raumfüllend aufgebaut. Dadurch entsteht ein sehr natürlicher Eindruck, bei dessen Anblick man sich fast selbst auf den Kirchplatz versetzt fühlt.

## Das wird gebraucht

- ▲ Holz, 10 mm dick
- ▲ 4 Holzglocken, 20 mm ⌀
- ▲ 4 Weihnachtsbaumkerzen
- ▲ 8 Holzperlen, 4 mm ⌀
- ▲ 1 Holzperle, 6 mm ⌀
- ▲ 1 Zahnstocher
- ▲ weißes Schreibpapier

*VORLAGEN*
*siehe Bogen 1,*
*Seite A.*

## So wird's gemacht

Als Bodenplatte sägen Sie ein etwa 40 x 20 cm großes Oval mit einem leicht unregelmäßig gewellten Rand aus. Auf ihr werden Bogen und Kirche platziert. Beide werden an der Turmspitze zusammengeleimt und – für eine bessere Standfläche – auch an den Berührungsstellen am Boden. Die Chorsänger, Zäune, Laternen usw. werden mit Holzleim auf der Platte befestigt. Orientieren Sie sich bei der Anordnung aller Figuren an der Abbildung bzw. gruppieren Sie sie nach Ihren eigenen Vorstellungen. Sie können die Szenerie mit beliebig vielen großen und kleinen Tannenbäumen gestalten. Auf jeden Fall müssen Sie aber jeweils mindestens zwei Tannenbäume rechts und links an den Kerzenbogen leimen. Dadurch vergrößert sich dessen Standfläche und somit auch seine Standfestigkeit.

Die Holzglocken werden mit der Öffnung nach oben auf den Bogen geleimt. So passen die Kerzen genau hinein. Fünf aufgeklebte Sterne verzieren den Bogen zusätzlich.

Einem Chorsänger kleben Sie die 6 mm dicke Perle auf den Bauch. In das Loch stecken Sie den Zahnstocher und darauf den kleinen Stern. Die anderen Sänger bekommen jeweils zwei Perlen nebeneinander aufgeklebt. Schneiden Sie aus dem Papier kleine Rechtecke, knicken Sie diese in der Mitte und kleben Sie jedem Chorsänger ein »Gesangbuch« in die »Hände«. Angezündete Kerzen helfen den Knaben schließlich, ihre Noten zu erkennen.

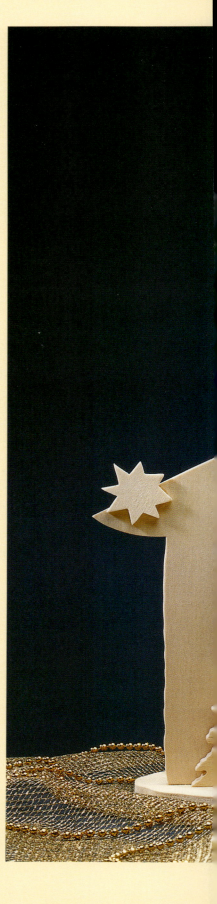

# Futterkrippe

**D**er Förster hat den Tieren im Wald eine große Portion frisches Heu in die Raufe gebracht. So versorgt lässt sich der kalte, dunkle Winter draußen gut überstehen.

**Drinnen im Haus verbreitet der große Lichterbaum mit seinen vielen Kerzen ein gemütliches, warmes Licht. Es begleitet uns durch den Advent bis zur Heiligen Nacht.**

## Das wird gebraucht

- ▲ Holz, 8 mm dick
- ▲ Holz, 4 mm dick
- ▲ 9 Kugeln, 25 mm ∅ mit großer Bohrung, (Makrameekugeln) als Kerzenhalter
- ▲ 9 Weihnachtsbaumkerzen
- ▲ Bohrmaschine mit 4-mm-Bohrer

## So wird's gemacht

Den Lichterbaum und seine beiden Stützen (zwei Tannenbäume mit 8 mm breitem eingesägtem Schlitz) arbeiten Sie aus dem dicken Holz. Die Sterne und Kerzen werden herausgesägt, die Dreier-Lochgruppen gebohrt. Nach dem Schleifen schieben Sie die Unterkante des Baumes in die Stützen. Sollte der Baum nicht absolut fest darin klemmen, fixieren Sie ihn mit Holzleim.

*VORLAGEN siehe Bogen 1, Seite A.*

Aus dem 4 mm dicken Holz sägen Sie nun je zwei Kreise mit den Durchmessern 3,5 cm, 3 cm, 2,5 cm und 2 cm sowie einen Kreis mit 4 cm. Den größten Kreis kleben Sie auf die Spitze des Lichterbaumes. Die anderen werden, von unten nach oben kleiner werdend, auf die Tannenspitzen gesetzt. Jetzt haben Sie optimale Stellflächen, auf denen die Holzkugeln als Kerzenhalter sicher festgeleimt werden können.

# Waldandacht

M it festlichen Liedern ruft der Engelschor die Menschen zur Christmesse in die kleine Kirche mitten im Wald.

## Das wird gebraucht

▲ Holz, 4 mm dick
▲ Holz, 8 mm dick
▲ Holz, 10 mm dick
▲ 4 Kerzentüllen, 14 mm ⌀, mit 4-mm-Nut
▲ 2 Holzkugeln, 25 mm ⌀, mit großer Bohrung (Makrameekugeln) als Kerzenhalter
▲ 6 Weihnachtsbaumkerzen
▲ 10 Holzperlen, 4 mm ⌀,
▲ rotes Papier oder Tonkarton
▲ 2 Dreiecksleisten, 15 x 15 mm, je 325 mm lang

## So wird's gemacht

Sägen Sie zunächst aus dem 10 mm dicken Holz je ein Brett mit den Maßen 9 x 35 cm und 4,5 x 32,5 cm zu.

Richten Sie das kleinere Brett mittig auf dem größeren aus, wobei die hinteren Längskanten genau bündig aufeinander liegen. In dieser Position leimen Sie die Bretter zusammen.

Sobald der Schwibbogen gesägt und geschliffen ist, werden die beiden Dreieckleisten auf der Vorder- und auf der Rückseite gegen den Bogen geleimt. Dadurch wird seine Standfläche verbreitert. So vorbereitet, lässt er sich mit Holzleim sicher auf dem Bodenbrett befestigen.

Die »Hände« und »Gesangbücher« der Engel basteln Sie, wie bei dem Lichterbogen »Adventssingen« (Seite 24) beschrieben. Entweder stellen Sie die 8 mm dicken Engel nun lose im Halbkreis vor der Kirche auf oder Sie leimen sie mit einem Tropfen Kleber fest. Nun müssen Sie nur noch die Kerzenhalter anbringen und die Kerzen hineinstecken.

*VORLAGEN
siehe Bogen 1,
Seite B.*

# Winterkinder

**M**it seinen teilweise kolorierten Figuren schafft dieser Lichterbogen eine besonders fröhliche Atmosphäre, die Kindern Spaß machen wird.

### Das wird gebraucht

▲ Holz, 8 mm dick
▲ 6 Holzglocken, 20 mm Ø
▲ 6 Weihnachtsbaumkerzen
▲ Bastelfarben
▲ Glitzersand

### So wird's gemacht

Stellen Sie den fix und fertig geschliffenen Bogen auf seine Stützen. Sollte er wackeln, unbedingt festleimen. So verankert, können Sie ihn in aller Ruhe auf beiden Seiten bemalen. Die Stellen, die Sie gerne mit Glitzersand hervorheben möchten, streichen Sie zunächst mit Holzleim ein, bevor Sie den Sand aufstreuen. Überschüssiger Sand wird kurz darauf einfach abgeschüttelt.

**TIPP**

*Soll Ihr Lichterbogen die gleiche winterliche Ausstrahlung haben wie der abgebildete, verwenden Sie Pastellfarben, weißen Glitzersand und weiße Kerzen. Nehmen Sie stattdessen kräftige bunte Farben, blaue oder rote Kerzen und farbigen Glitzersand, haben Sie zwar dasselbe Motiv, erhalten aber einen in seiner Ausstrahlung gänzlich anderen Lichterbogen. Probieren Sie es doch einfach mal aus.*

*VORLAGEN siehe Bogen 1, Seite B und Seite 33.*

2 x

Der kleine Schlitten, der heruntergepurzelte Teddy und das Schneemannkind werden vor den großen Schneemann geleimt. Die Holzglocken kleben Sie verkehrt herum, also mit der Öffnung nach oben, auf die Äste. Im Kerzenlicht glitzert der Sand wie Schnee in der Sonne.

Hinweis: Die oben abgebildete Stütze ist eine einfache Fassung. Sie können sie auch tannenartig aussägen, wie es auf der nebenstehenden Farbabbildung zu sehen ist.

# Frohe Weihnacht

**W**eihnachten in den Bergen. Die zwei großen Leuchterkerzen brennen einen ganzen Winterabend lang und die batteriebetriebene Minilichterkette taucht den Raum schon am Nachmittag in gemütliches Licht.

## Das wird gebraucht

▲ Holz, 4 mm dick

▲ 2 Holzglocken, 40 oder 45 mm ∅

▲ 2 Leuchterkerzen

▲ 1 batteriebetriebene Minilichterkette mit 20 Birnchen (im Geschenkartikelladen erhältlich)

▲ 1 Holzleiste, 10 mm dick, 20 mm breit und 370 mm lang sowie 3 Leistenabschnitte von nur 5 mm Länge

▲ 1 Holzleiste, 10 mm dick, 45 mm breit und 530 mm lang als Standplatte

▲ Durchsichtige Klebestreifen (z. B. Tesafilm)

▲ Heißklebepistole

## So wird's gemacht

Da der Schwibbogen doppelt gearbeitet wird, brauchen Sie zwei gleich große Holzplatten, die Sie aufeinander legen. Übertragen Sie nun das Motiv von der Vorlage auf die obere Platte. Wenn Sie damit fertig sind, umwickeln Sie beide Platten kreuz und quer mehrmals mit Klebestreifen. Jetzt sind beide Teile unverrückbar miteinander verbunden und können ausgesägt werden. Manchmal wird es notwendig, während der Sägearbeit die Klebewicklung zu erneuern. Vor dem Schleifen entfernen Sie alle Filmreste vom Holz.

Danach stellen Sie ein Schwibbogenteil senkrecht vor sich auf den Tisch. Leimen Sie die 370 mm lange Leiste als Abstandhalter und Standleiste gegen den Bodenteil des Bogens. Zum probeweisen Anordnen der Minilichter und zum Fixieren mit einem Tropfen Heißkleber legen Sie das Teil flach. Danach das zweite Teil gegen die Standleiste leimen. Die drei 5-mm-Leisten als Abstandhalter rechts und links etwas höher sowie in der Spitze zur Stabilisierung dazwischen leimen. Der fertige Doppelbogen wird mittig auf die Standplatte geleimt, die Holzglocken als Kerzenhalter rechts und links davon.

*VORLAGE
siehe Bogen 1,
Seite B.*

# Glockenklang

**D**ie schmale, hohe Form des Bogens und die schlanken Tannen mit ihren unzähligen kleinen Zacken an den Zweigen lassen diesen kleinen Lichterbogen sehr filigran wirken, obwohl gar nicht so viele Innenausschnitte zu machen sind. Dieser Bogen lässt sich daher verhältnismäßig schnell und einfach herstellen.

## Das wird gebraucht

- ▲ Holz, 6 mm dick
- ▲ 3 Kerzentüllen, 14 mm ∅, mit 6-mm-Nut
- ▲ 3 Weihnachtsbaumkerzen
- ▲ Holzzierleiste, 15 x 25 mm und 205 mm lang
- ▲ 1 Holzleiste, 5 mm dick, 30 mm breit und 390 mm lang
- ▲ 1 Holzleiste, 10 mm dick, 45 mm breit und 430 mm lang

### So wird's gemacht

Leimen Sie die Zierleiste gegen die vordere untere Kante des zuvor ausgesägten und geschliffenen Bogens. Nachdem der Leim abgebunden hat, stellen Sie das Teil genau mittig auf die 5 mm dicke Leiste und kleben es dort ebenfalls fest. Jetzt leimen Sie jeweils einen großen Baum rechts und links vor den Lichterbogen. Die beiden kleineren Bäume befestigen Sie an der Rückseite der großen Bäume. Um optimale Standfestigkeit zu erreichen, wird der komplette Schwibbogen auf der 10 cm dicken Leiste festgeleimt. Nun fehlen nur noch die Kerzentüllen sowie die Kerzen und schon ist der Schwibbogen fertig.

*VORLAGEN siehe Bogen 1, Seite B und Bogen 2, Seite A.*

# Schlittenfahrt

**D**ieser ausschließlich elektrisch beleuchtete Schwibbogen besteht aus zwei einzelnen Bögen, die – mit einer Quadratleiste dazwischen – aneinander geleimt wurden. Mit Kerzen und einer Bodenplatte versehen, ist jeder Bogen für sich auch einzeln zu nutzen.

## Das wird gebraucht

- ▲ Holz, 6 mm dick
- ▲ Minilichterkette mit 10 Birnchen
- ▲ 1 Quadratleiste, 20 x 20 mm, 480 mm lang
- ▲ Hammer und kleine Krampen oder Tacker

### So wird's gemacht

Stellen Sie das fertig geschliffene rückwärtige Bogenteil (das mit dem Schneemann) senkrecht vor sich auf den Tisch. Leimen Sie die Quadratleiste gegen die untere Kante des Bogens. Legen Sie ihn nun flach auf die Tischplatte und verteilen Sie möglichst gleichmäßig alle Lämpchen der Lichterkette darauf. Kabel und Lampen werden mit Krampen oder einem Tacker befestigt. Achten Sie dabei unbedingt darauf, dass keines der Birnchen ein Kabel berührt. Auf den Bildern auf Seite 40 sehen Sie genau, wie die Kette korrekt verlegt wird.

Wenn alle Kabel und Lampen fest angebracht sind, brauchen Sie nur noch das vordere Bogenteil gegen die Quadratleiste zu kleben.

*VORLAGEN*
*siehe Bogen 1, Seite B*
*und Bogen 2, Seite A.*

**TIPP**

*Sollte trotz aller Sorgfalt irgendwo ein Stück vom Kabel zu sehen sein, lässt es sich problemlos mit einem zusätzlich ausgesägten und auf den Rahmen geklebten Baum oder Stern verdecken. Um den Bogen auch am oberen Rand zu stabilisieren, klemmen Sie einen kleinen Abschnitt der Quadratleiste zwischen die Rahmen und fixieren ihn mit einem Tropfen Leim.*

Oben:
Die kleinen Glühbirnchen werden so befestigt (evtl. festtackern), dass sie nicht verrutschen und die Kabel berühren.

Rechts:
So verteilen Sie die Zehnerkette gleichmäßig und von außen nicht sichtbar auf der Standleiste.

# In Bethlehem

**D**ieser ausgefallene Schwibbogen sieht wesentlich aufwändiger aus, als er ist. Es sind nur wenige Innenschnitte auszuführen und die Motive beinhalten keine superdünnen Stege oder komplizierte, filigrane Muster. Kleine Sammelfiguren verschönern die Szene.

## Das wird gebraucht

▲ Holz, 4 mm dick
▲ Holz, 10 mm dick
▲ 5 Kerzentüllen, 14 mm ∅, mit 4-mm-Nut
▲ 5 Weihnachtsbaumkerzen
▲ 2 Rundhölzer, 8 mm ∅, je 360 mm lang

## So wird's gemacht

Leimen Sie zunächst nur den Lichterbogen sehr vorsichtig und genau senkrecht auf die Bodenplatte. Halten Sie dabei einen mindestens 8 mm großen Abstand zur hinteren geraden Kante ein. Der Bogen muss, bis der Leim getrocknet ist, unbedingt in dieser Position auf beiden Seiten gehalten werden. Da er aber aus 4 mm dünnem Material gesägt wurde, lässt sich ein fester Stand nur durch zusätzliche Stützen erreichen. Leimen Sie deshalb die beiden Rundhölzer direkt vor und hinter dem Bogen auf die Bodenplatte. Nun fehlen nur noch die Kerzentüllen mit den Kerzen und die kleinen Sammelfiguren. Das müssen keinesfalls nur Engel sein, auch ein Hirte mit Schäfchen macht sich gut.

*VORLACE*
*siehe Bogen 2,*
*Seite A.*

**TIPP**

*Sie besitzen keine Sammlerfiguren? Dann stellen Sie sich doch einfach einzelne Wunschfiguren aus diesem Buch zusammen. Aus mindestens 8 mm dickem Holz gesägt, lassen sie sich problemlos aufstellen. Dieser Schwibbogen ist aber auch ohne Sammlerfiguren ein Augenschmaus.*

# Es hat geschneit

**D**ieser Lichterbogen ist gleich in mehrfacher Hinsicht außergewöhnlich. Er wird aus mindestens drei »Schichten« aufgebaut. Deshalb wird er auch als Panoramabogen bezeichnet.

Durch die spezielle Konstruktion kann er als einziger nicht im Fenster stehen. Seine Leuchtkraft kommt am besten zur Geltung, wenn man ihn z. B. auf einer Anrichte vor einer Wand aufbaut.

Die einzelnen Schichten mit den dazwischen liegenden Leisten ergeben eine ausreichend breite Standfläche. Eine Bodenplatte ist darum nicht notwendig.

## Das wird gebraucht

- ▲ Holz, 4 mm dick
- ▲ Holz, 8 mm dick
- ▲ Minilichterkette mit 20 Birnchen
- ▲ 3 Quadratleisten, 20 x 20 mm, je 540 mm lang
- ▲ Bohrmaschine mit 3-mm- und 10-mm-Bohrer
- ▲ Bindfadenrest o. Ä. als Hundeleine und Schlittenschnur
- ▲ Bastelfarben
- ▲ weißer Glitzersand
- ▲ Silberglitter

## So wird's gemacht

Übertragen Sie zunächst alle Motivteile von der Vorlage auf das 4 mm dicke Holz. Sobald alles ausgesägt und sauber geschliffen ist, beginnen Sie mit der Bemalung. Sie haben die Wahl zwischen einer vollständigen, flächendeckenden Bemalung, einer nur teilweisen Farbgebung oder, wie auf dem Bild zu sehen, einer Kombination aus beiden Möglichkeiten. Das Kind mit dem Puppenwagen, der Junge mit dem Hund an der Leine und das Futterhäuschen sind komplett bemalt. Der Rest ist nur teilweise koloriert.

Bei einigen Motiven wurde auf die noch nasse Farbe Glitzersand gestreut. Da man den darunter liegenden Farbton dennoch sieht, erscheint der Sand farbig. Wollen Sie also Schnee darstellen, müssen Sie den Sand auf weiße Farbe streuen. An einigen Stellen sparsam aufgebrachter Silberglitter setzt zusätzliche Akzente.

Nachdem alles bemalt und trocken ist, bearbeiten Sie das Motivteil mit dem Haus. Leimen Sie dort als Erstes die Fensterrahmen auf.

**TIPP**

*Sollten einige Lämpchen nicht fest in den Bohrlöchern stecken bleiben, fixieren Sie diese mit einem kleinen Tropfen Heißkleber. Zum Auswechseln durchgebrannter Birnchen lassen sie sich so dennoch leicht wieder herausziehen.*

*VORLAGEN siehe Bogen 2, Seite A und B.*

Danach legen Sie das Teil auf einen alten Holzrest und bohren mit dem 3-mm-Bohrer viele kleine Löcher in die beiden Tannen. Je mehr, desto besser, denn dort scheint später das Licht hindurch. Zwischen die Bohrlöcher setzen Sie weiße Farbtupfer und bestreuen diese mit Glitzersand.

Wenn Sie damit fertig sind, legen Sie das Teil auf die 8 mm dicke Holzplatte. Diese Platte ergibt später den Hintergrund und trägt die Lämpchen der Lichterkette. Mit einem Bleistift zeichnen Sie den gewünschten Umriss auf. Er darf ruhig größer, sollte aber keinesfalls kleiner als die darauf gelegte Motivplatte sein. Markieren Sie nun noch die Punkte, an denen Sie gleich danach die Bohrlöcher für die Lämpchen setzen werden.

Damit sind alle vorbereitenden Arbeiten erledigt. Leimen Sie jetzt Ihren Panoramabogen »wie auf dem Bild zu sehen« zusammen. Die Quadratleisten dienen als Abstandhalter zwischen den verschiedenen Motivteilen.

Zum Schluss müssen Sie nur noch von hinten die Lämpchen in die Bohrlöcher und den Stecker in die Steckdose stecken.

# Kinderträume

**E**inen dicken Schneemann bauen, durch den verschneiten Winterwald reiten, Ski fahren und mit einem Schlitten den Berg hinab-
sausen – mit diesem Lichterbogen leben alle Kinderträume auf.

## Das wird gebraucht

▲ 7 Kerzentüllen, 14 mm ∅, ohne Nut
▲ 7 Weihnachtsbaumkerzen
▲ 1 Quadratleiste, 10 x 10 mm, 550 mm lang
▲ Bastelfarben
▲ weißer Glitzersand

## So wird's gemacht

Bevor Sie den Lichterbogen zusammenbauen, müssen alle Einzelteile bemalt
sein. Wie Sie auf dem Bild sehen, sind die Motive nicht vollflächig, sondern
nur teilweise koloriert. Einige Teile wurden auch nur mit weißer Farbe und
darüber gestreutem Glitzersand dekoriert.

Wenn die Farbe trocken ist, leimen Sie die Quadratleiste vor die untere Kante
des rückwärtigen Bogenteils. Das vordere Bogenteil leimen Sie vor die Leiste.
Der Skifahrer und der Hund werden auf das hintere Teil und das Kind auf dem
Schlitten in die Senke auf dem vorderen Teil geklebt. Noch steht das Ganze zu
wackelig. Darum leimen Sie einen Baum auf der rechten Seite vor den Bogen
und einen Baum auf der linken Seite hinter den Bogen. Der dritte Baum hat
nur eine dekorative Funktion und wird ganz links außen auf die zwischen
die beiden Bogenteile geleimte Quadratleiste gestellt.

Zum Schluss verteilen Sie die kleinen Einzelfiguren und die Kerzentüllen
auf dem Rahmen. Ein wenig Klebstoff hindert sie am Herunterfallen.

*VORLAGEN
siehe Bogen 2,
Seite A und B und
Seite 48 und 49.*

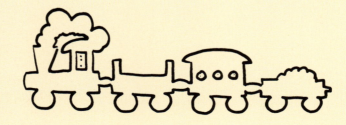

# Im Winterwald

**S**chnee auf den Tannen und Nikolaus zieht seinen Schlitten durch den Winterwald. Das Idealbild der Vorweihnachtszeit – nicht nur für Kinder.

## Das wird gebraucht

▲ Holz, 20 mm dick für die Bodenplatte und den Bogen
▲ Holz, 8 bis 10 mm dick für die Figuren
▲ 7 Holzkerzentüllen mit Metalleinsätzen
▲ Weihnachtsbaumkerzen
▲ 7 Wachsklebeplättchen

### So wird's gemacht

Die Grundplatte, ein Halbkreis von 35 cm Kantenlänge, und der Treppenbogen werden aus 20-mm-Holz gesägt. Für die Bäume und Figuren nehmen Sie 8 bis 10 mm dickes Holz, das reicht, um eine Standfläche zu haben. Die Grundarbeiten – das Aussägen und Bemalen – erledigen. Als erste Arbeit danach kleben Sie die Kerzentüllen mit Holzleim auf die Stufen des Bogens. Mit Wachsklebeplättchen setzen sie die Kerzen ein. Ordnen Sie alle Bäume und Figuren provisorisch auf der Grundplatte an. Der Lichterbogen steht auf jeden Fall mittig und bündig an der hinteren Kante auf der Bodenplatte. Haben Sie die optimale Stellung aller Figuren gefunden, werden sie mit Holzleim aufgeklebt. Um den Schlitten mit kleinen Geschenken beladen zu können, stöbern Sie einfach mal durch Spielwarenabteilungen oder Geschenkboutiquen. Meistens wird man aber im Kinderzimmer schneller geeigneten Krimskrams finden.

*VORLAGEN*
*siehe Bogen 1,*
*Seite A und*
*Bogen 2, Seite B.*

**TIPP**

*Im Kaufhaus können Sie losen, in Beuteln abgepackten künstlichen Schnee bekommen. Er ist nicht brennbar und glitzert wie richtiger Schnee. Streuen Sie diesen über den Winterwald.*

# Nikolaus trifft ein Sternenkind

**E**in einfacher Bogen mit vier Kerzen: Das ist ein hübscher, nicht nadelnder Ersatz für einen Adventskranz.

## Das wird gebraucht

▲ Holz, 10 mm dick
▲ Bienenwachslasur
▲ Holzleim
▲ Rubbelkleber (Fotozubehör)
▲ 4 Kerzentüllen aus Holz mit Metalleinsatz
▲ 4 Weihnachtsbaumkerzen
▲ Wachsklebeplättchen

## So wird's gemacht

Hier verrate ich Ihnen noch eine Übertragungstechnik, mit der Sie schneller sind. Allerdings müssen Sie dafür einen besonderen Kleber haben. Es ist ein sogenannter Montagekleber, kurz Rubbelkleber genannt, wie ihn die Grafiker benutzen, z.B. Fixogum von Marabu.

Für diese Übertragungstechnik machen Sie sich eine Kopie der Vorlage, die Sie mit dem Rubbelkleber direkt auf das Holz kleben. Die Vorlage sitzt jetzt fest, und das Motiv lässt sich exakt aussägen. Nach dem Aussägen können Sie die stehen gebliebenen Reste der Kopie abziehen und den Kleber mit den Fingern oder einem Radierer restlos abrubbeln. Bohren Sie feine Löcher schön verteilt über die Tannen. Sägekanten und die Fläche fein abschleifen. Besonders vorsichtig sein, da es bei diesem Schwibbogen besonders filigrane Enden (zum Beispiel die Kerzen auf den Tannenspitzen) gibt. Ist alles sauber und glatt? Dann tragen Sie zwei bis drei dünne Schichten Bienenwachslasur auf. Zwischendurch gut trocknen lassen.

Damit der Schwibbogen einen festen Stand hat, leimen Sie links und rechts außen Stützen an den Bogen. Ebenfalls mit Holzleim werden die Sterne und Kerzentüllen aufgeklebt. In jede Tülle wird ein Wachsklebeplättchen und eine Kerze gedrückt.

*VORLAGEN
siehe Bogen 1,
Seite A und
Bogen 2, Seite B.*

Bibliografische Information der Deutschen Bibliothek –

Die Deutsche Bibliothek verzeichnet diese Publikation in der Deutschen Nationalbibliografie; detaillierte bibliografische Daten sind im Internet über HYPERLINK http://dnb.ddb.de abrufbar

## DANKESCHÖN

Verfasserin und Verlag bedanken sich bei folgenden Firmen, die zur Dekoration erzgebirgische Figuren zur Verfügung gestellt haben.

**Zum Schwibbogen »Bethlehem«:**
Seiffener Nußknackerhaus
Christian Ulbricht GmbH & Co. KG
Oberheidelberger Str. 4a
09548 Seiffen

**Zum Schwibbogen »Sammler-weihnacht«:**
Käthe Wohlfahrt GmbH & Co. KG
Herrngasse 1
91541 Rothenburg ob der Tauber

Bitte besuchen Sie uns im Internet:
www.droemer-knaur.de

Fotografie: Klaus Lipa, Diedorf bei Augsburg
Vorlagezeichnungen: Gabriele Wollenheit
Lektorat: Susanne Gugeler, Mering
Umschlagkonzeption: Zero Werbeagentur, München
Umschlaglayout: Daniela Meyer
Herstellung: Elke Martin
Satz/Layout: Michael Stiehl, Leipzig

© 2003 Knaur Ratgeber Verlage
Ein Unternehmen der Droemerschen Verlagsanstalt Th. Knaur Nachf. GmbH & Co. KG, München

Reproduktion: Repro Ludwig, A-Zell am See
Druck und Bindung: Druckerei Uhl, Radolfzell
Gedruckt auf 115g umweltfreundlich chlorfrei gebleichtem Papier.

Weitere Titel aus dem Bereich Kreativ finden Sie im Internet unter:
www.knaur-kreativ.de

ISBN 3-426-66808-4
Printed in Germany